AF011064

CARNAVAL EN TENERIFE

Jaime Corpas
Ana Maroto

SGEL

Primera edición, 2020
Reimpresión, 2025

Produce: SGEL - Libros
Avda. Valdelaparra, 29
28108 Alcobendas (Madrid)

© Jaime Corpas, Ana Maroto
© SGEL Libros S.L.
Avda. Valdelaparra, 29, 28108 Alcobendas (Madrid)

EDICIÓN: Mise García
CORRECCIÓN: Belén Cabal
DISEÑO DE CUBIERTA E INTERIOR: Alexandre Lourdel
ILUSTRACIONES DE CUBIERTA Y DE INTERIOR: Pablo Torrecilla
MAQUETACIÓN: Alexandre Lourdel
AUDIO: Cargo Music

ISBN: 978-84-17730-03-1

DEPÓSITO LEGAL: M-40531-2019
Printed in Spain – Impreso en España

IMPRESIÓN: LIBER DIGITAL, S.L.

Cualquier forma de reproducción, distribución, comunicación pública o transformación de esta obra solo puede ser realizada con la autorización de sus titulares, salvo excepción prevista por la ley. Diríjase a CEDRO (Centro Español de Derechos Reprográficos) si necesita fotocopiar o escanear algún fragmento de esta obra (www.conlicencia.com; 91 702 19 70 / 93 272 04 47).

ÍNDICE

1. LA VECINA SUPERFICIAL 5
2. EL VECINO PESADO 8
3. EL PLAN DE LUCAS 10
4. EL CHICO IDEAL 12
5. UNA GRAN NOTICIA 15
6. LA CRISIS DE LOS 50 17
7. EL PLAN DE MARINA 19
8. LA CONVERSACIÓN CON LA ABUELA 23
9. MALA SUERTE 26
10. EL PLAN DE CARMEN 28
11. DESTINO TENERIFE NORTE 31
12. UN PEQUEÑO PROBLEMA 34
13. LOS DISFRACES 38
14. LA CABALGATA DE CARNAVAL 41
15. DESAYUNO DE CARNAVAL 44
16. CARNAVAL CON LOS VECINOS 47
17. VUELTA A MADRID 50

    ACTIVIDADES 52
    SOLUCIONES 70

1
LA VECINA SUPERFICIAL

Lucas Fernández vuelve a casa en metro desde la Universidad Complutense, donde estudia Biología. Este es su tercer año. Todos los días por la tarde entra en la estación de Ciudad Universitaria, baja en la estación de Ópera. Desde allí camina hasta su casa, que está muy cerca.

Su barrio está en el centro histórico de Madrid. Los fines de semana hay muchos turistas, pero hoy, lunes, hay estudiantes que salen de clase y vecinos que vuelven a casa después de trabajar. Todos llevan abrigo, bufanda y guantes porque en febrero hace mucho frío.

—¡Lucas! —grita[1] una chica joven que corre detrás de él.

Cristina vive en el mismo edificio que él, pero ella vive en el segundo piso y Lucas, en el cuarto. También tiene veinte años, como él. Es una chica guapa, tiene los ojos azules, la nariz pequeña y el pelo muy largo; es delgada y bajita. Siempre viste ropa cara y lleva zapatos de tacón[2] y bolsos de mano.

---

[1] *Gritar:* hablar muy alto.
[2] *Zapatos de tacón:* zapatos altos.

LA VECINA SUPERFICIAL

Lucas piensa que su vecina viste como una mujer mayor y no como una chica joven. Normalmente, él lleva vaqueros, camiseta de algodón ancha, sudadera con capucha, zapatillas deportivas y, cuando hace frío como hoy, un abrigo y una gorra de lana. Lucas tiene mucho éxito con las chicas. Es un chico inteligente, alto y guapo. Tiene el pelo liso, castaño, los ojos verdes y una bonita sonrisa.

Cristina está enamorada[3] de Lucas desde pequeña, pero a él no le gusta Cristina porque piensa que es muy superficial.

—¡Acabo de salir de la peluquería! ¿Te gusta mi pelo?

Cristina es morena —su pelo natural es negro— pero, ahora, después de ir a la peluquería, tiene el pelo rubio. Estudia Diseño de Moda en una universidad privada y siempre habla de ropa, de lo que está de moda[4] y de lo que no, de los sitios donde hay que ir... Ve los programas de la tele que hablan de la vida privada de los famosos, de quién viste bien y quién viste mal. También lee revistas donde hay fotos de las vacaciones y de las casas de los famosos. A Lucas todo eso le aburre.

—¿Te gusto más ahora o antes? —Cristina sonríe.

A Lucas no le gusta Cristina ni ahora ni antes.

—Yo no te veo diferente: es tu cara, pero con otro color de pelo —contesta.

Lucas camina rápido para llegar pronto, Cristina camina detrás de él.

—¿Puedes andar más despacio[5]? Con estos zapatos no puedo andar rápido.

—Lo siento, pero tengo mucha prisa. ¡Hasta luego, Cristina!

---

[3] *Estar enamorado/a:* sentir amor por una persona.
[4] *Estar de moda:* ser la última tendencia, ser actual.
[5] *Despacio:* lentamente.

EL VECINO PESADO

Lucas llega a la calle de la Bola, donde vive con su familia. Camina rápido hasta el portal y sube las escaleras. En el segundo piso, su padre, Paco, habla con Manolo, el padre de Cristina. Mientras sube, escucha la conversación:

—Tienes que comprarte un coche nuevo, Paco.

—Yo no necesito otro coche, Manolo.

A Lucas también le aburre Manolo García, el padre de Cristina. Manolo siempre habla de dinero, de coches y de su trabajo: es directivo de una empresa.

—Tienes que ver mi coche nuevo. Es seguro, bonito y moderno. Con la tecnología más actual —dice Manolo, como en un anuncio de la tele.

—Yo nunca utilizo el coche en la ciudad —dice Paco—. Siempre voy en metro o en autobús. Y si tengo prisa, en taxi. Y en vacaciones, generalmente, viajo en tren o en avión.

—Pero el coche es más cómodo que el transporte público. Vas y vuelves cuando tú quieres: el horario lo decides tú —Manolo sonríe satisfecho.

—Sí, pero los coches contaminan mucho, Manolo.

—Por eso tienes que comprarte un coche híbrido[6], como el mío, Paco.

Lucas sube las escaleras, llega al segundo piso y le responde a Manolo:

—Las personas que respetan el medioambiente no tienen coche: ni diésel ni gasolina ni híbrido.

—¡Qué revolucionario es tu hijo! —Manolo se ríe.

—Sí, es ecologista —responde Paco.

Manolo es muy bajo, levanta la cabeza hacia arriba para mirar a Lucas.

—Tienes razón, Lucas. Tu padre tiene que comprarse un coche eléctrico.

Ahora, Manolo le sonríe a Paco y le dice:

—Es más caro, pero tu mujer tiene un buen trabajo, ¿no?

—Sí, es una mujer muy inteligente —Paco sonríe incómodo.

Lucas habla para acabar la conversación.

—¡Hay que prohibir el transporte privado!

Cristina llega al primer piso. Lucas la ve y corre escaleras arriba.

—¡Hasta luego! ¡Vamos, papá! —dice Lucas.

Paco sube detrás. Cuando llega al cuarto está cansado y deprimido[7].

---

[6] *Híbrido:* funciona con combustibles como la gasolina o el diésel y con electricidad.
[7] *Estar deprimido/a:* tener una crisis, estar triste.

3
EL PLAN DE LUCAS

En su habitación, Lucas habla por teléfono con Luis, su mejor amigo. En la pantalla del ordenador hay un mapa de Venecia y fotos de gente con disfraces[8]. Los dos amigos quieren visitar su famoso carnaval.

—Yo no tengo bastante dinero para viajar a Venecia —dice Lucas.

Lucas da clases particulares de matemáticas y física a estudiantes de secundaria para ganar algo de dinero, pero no ahorra mucho. Le gusta comprar libros, ir a conciertos, al cine, al teatro, salir con los amigos... Y todo eso cuesta dinero. Luis nunca tiene problemas de dinero porque su familia es rica, pero él está en contra del consumo. Los dos amigos son ecologistas y luchan por un mundo mejor.

—¡Te invito al billete de avión! —hace tiempo que Luis sueña[9] con ir al carnaval de Venecia.

---

[8] *Disfraz:* ropa que se usa en carnaval.
[9] *Sueño:* proyecto, deseo... También cuando queremos algo, pero es difícil conseguirlo.

EL PLAN DE LUCAS

—No tengo suficiente dinero para todo: hotel, comida, museos...

—Yo tengo dinero para los dos —dice Luis—. Mi dinero es tu dinero.

—Muchísimas gracias, Luis, pero tu dinero es tuyo, no mío. En España los carnavales más importantes son el de Tenerife y el de Cádiz. Yo no conozco ninguna de las dos ciudades —dice Lucas.

—Yo conozco Cádiz y me encanta —responde Luis—, pero prefiero ir a Tenerife porque no lo conozco y, además, hace buen tiempo.

—Sí, en la islas Canarias no hace frío, ¡siempre es primavera! —dice Lucas—. Pero a Tenerife tenemos que ir en avión. Y a Cádiz podemos ir en autobús, que es más barato.

—No, es más barato ir a Tenerife que a Cádiz.

—¿Ah, sí? ¿Por qué?

—¡Porque mi tío Juan tiene un apartamento! —grita Luis contento—. ¡Tenemos alojamiento gratis en Tenerife!

—¿Podemos quedarnos en su apartamento? —pregunta Lucas contento.

—¡Claro! Mi tío solo va allí en las vacaciones de verano.

Luis es divertido, simpático y generoso, ¡qué suerte ser su amigo!

—Tú buscas los billetes y yo hablo ahora con mi tío, ¿de acuerdo?

—De acuerdo —dice Lucas—. ¡Viva tu tío!

—¡Viva mi tío! —grita Luis.

Lucas empieza a mirar los precios y los horarios de los billetes desde el aeropuerto de Madrid-Barajas hasta el aeropuerto de Tenerife Norte.

EL CHICO IDEAL

Marina Fernández sale del instituto donde estudia segundo de bachillerato. Normalmente, acaba a las tres, pero los lunes, miércoles y viernes tiene clases por la tarde con el grupo de teatro y llega a casa a las ocho.

Estos días ensayan[10] *La batalla entre Don Carnal y Doña Cuaresma*[11] para el carnaval. Doña Cuaresma[12] es muy seria, no le gusta la fiesta y come pescado. A Don Carnal[13] le encanta la fiesta, es divertido y come carne.

Marina vuelve a casa y camina por la calle tranquilamente. Algunas personas la miran y se ríen. ¡Pero qué pasa!

Cuando llega a la plaza de Isabel II ve a un chico que le gusta mucho. Hace tiempo que no lo ve, pero es él: alto, atractivo y con gafas.

—¡Andrés! ¡Andrés!

---

10 *Ensayar:* prepararse para una representación.
11 *La batalla de Don Carnal y Doña Cuaresma:* relato dentro del *Libro de buen amor* del Arcipreste de Hita (siglo XIV).
12 *Cuaresma:* tiempo de reflexión para los cristianos que dura 40 días.
13 *Carnal:* lo contrario de espiritual.

Marina está contenta, su corazón va rapidísimo, está emocionada, pero él... la mira muy serio y no dice nada.

—¿No te acuerdas de mí? —dice muy tímida—. Soy Marina.

—¡Marina! —Andrés sonríe contento.

Marina está un poco nerviosa porque a ella le encanta Andrés y, a veces, sueña que salen juntos, que bailan juntos, que... En fin, ella piensa mucho en Andrés, pero él ni se acuerda de ella.

—¿Qué tal estás? —le pregunta él.

—Muy bien, ¿y tú? ¿Cómo te va con tus videojuegos?

Andrés tiene dieciocho años y estudia Ingeniería Informática en la universidad. Le encanta dibujar y crear historias para videojuegos. Para Marina, es el chico más interesante que conoce. Su chico ideal.

—Genial, me encanta mi carrera —dice él.

Andrés se ríe mucho. Marina siente vergüenza[14] otra vez. ¿Por qué se ríe?

—¿Vas a Chinchón para el carnaval? Yo voy a pasar el fin de semana.

Chinchón es el pueblo de Paco, el padre de Marina y de Lucas. Está muy cerca de Madrid y allí vive la abuela. Andrés es el hijo de Amadeo, el panadero del pueblo. Marina piensa un momento. Su abuela siempre dice que nunca van a verla. ¡Este es el momento!

—Yo también voy a Chinchón con mi familia a ver a mi abuela.

—Podemos vernos allí y vamos al mercado medieval, ¿quieres?

---

[14] *Sentir vergüenza:* lo que siente una persona tímida.

—¡Sí, quiero! —responde Marina en voz alta y con fuerza. Quizás con demasiada fuerza... Siente muchísimo calor... ¡Qué vergüenza!

—Me voy porque tengo una entrevista de trabajo en una productora de videojuegos que busca gente joven —dice Andrés ilusionado.

Marina sabe que Andrés siempre busca pequeños trabajos para ayudar a su familia a pagar sus estudios. Es muy independiente y muy responsable.

—¡Mucha suerte! —dice Marina.

—Gracias, nos vemos en Chinchón.

Marina entra en casa. Su padre la mira y se ríe.

—¡Hola, papá! ¿Por qué te ríes?

—Estás muy graciosa con tu cara de cerdita —responde Paco.

¡No! Marina corre al baño, ¡todavía lleva el maquillaje[15]! En la obra de teatro, ella es uno de los cerdos de Don Carnal. Viste ropa rosa, se maquilla la cara de color rosa, se pone una nariz grande y unas orejas de cerdo.

Se mira en el espejo. Ahora entiende las risas de la gente. Y por eso Andrés, al principio, no la conoce... ¡Está feísima! Durante veinte segundos, Marina se siente deprimida. Pero piensa un poco y sonríe feliz. Con cara de cerdita o sin cara de cerdita, ¡tiene una cita con Andrés en Chinchón! ¡Bien!

---

[15] *Maquillaje:* pintura para la cara.

5
UNA GRAN NOTICIA

Carmen Fernández vuelve a casa después de un día muy especial. Su jefe siempre escucha sus opiniones porque es muy buena. A los cuarenta y ocho años, Carmen es una abogada con mucha experiencia. Por todo eso, a partir de hoy, ¡ella es la jefa de su departamento! Tiene muchas ganas de darles la noticia a sus hijos y a su marido. Sin quitarse el abrigo, con su maletín de trabajo en la mano, Carmen entra directamente en la cocina.

—¡Hola, cariño[16]! ¡Tengo una noticia buenísima! —dice.

—¿Ah, sí? —dice Paco sin mirarla.

—En mi departamento tenemos un jefe nuevo desde hoy...

Paco corta una cebolla y no dice nada.

—Paco, ¿me escuchas?

—Sí, sí..., tenéis un jefe nuevo.

—¿Y sabes quién es? —pregunta Carmen divertida.

—No —contesta Paco, que piensa en otras cosas.

---

[16] *Cariño:* llamamos así a la gente que queremos: buenos amigos, familia o relaciones amorosas.

UNA GRAN NOTICIA

Carmen ve llorar a Paco...
—Cariño, ¿estás bien? —le pregunta.
—Sí, sí. Lloro por la cebolla. ¿Qué pasa con tu jefe? Su marido está triste, últimamente. Y no la escucha. ¿En qué piensa?
Lucas y Marina —con la cara desmaquillada— entran en la cocina.
—Hola, mamá. ¿Qué tal el trabajo? —pregunta Lucas.
—En mi departamento tenemos un jefe nuevo, ¿y sabéis quién es? —pregunta Carmen divertida.
—¡Tú, mamá! ¡Enhorabuena! —Marina la abraza.
—¡Eres la mejor, mamá! —Lucas la besa.
—¡Qué tonto soy! Felicidades, cariño —dice Paco.
Paco besa a su mujer y le sonríe con amor.
—Te mereces[17] ser la jefa de todos los departamentos —dice.
—Y ahora, ¿vas a ganar más dinero? —pregunta Marina.
—No mucho más —responde Carmen—, pero suficiente para hacer una reforma en casa y tener dos cuartos de baño.
—¡Por fin! —grita Lucas.
—¡Qué bien! —dice Marina—. ¡Gracias, mamá!
Marina y Lucas ponen la mesa en el comedor. Están muy contentos porque van a tener dos cuartos de baño. Todas las mañanas se despiertan a las siete y cuarto, se levantan de la cama y corren al cuarto de baño. Si Marina entra antes, Lucas se enfada porque tiene que esperar. A veces, él se levanta antes que Marina y ella tiene que esperar. Entonces, ella también se enfada. ¡Por fin dos cuartos de baño! Es una gran noticia.

---

[17] *Merecer:* lo que alguien debe tener por su trabajo o esfuerzo.

6
LA CRISIS DE LOS 50

En la cocina, Paco prepara la cena: sopa de pescado y verduras al horno.

La vida pasa deprisa, tiene cincuenta años y, ¿dónde están sus sueños? Es dibujante, pero trabaja como diseñador gráfico para una revista. Es un artista sin éxito: no tiene exposiciones, no vende sus libros de dibujos... Carmen es más inteligente, tiene más éxito y gana más dinero que él. Paco está muy enamorado de su mujer, pero ¿y ella? ¿Por qué ella está casada con un hombre gris como él?

Carmen vuelve a la cocina con ropa cómoda. Está preocupada[18] por Paco.

—¿Te encuentras mal? —le pregunta—. Hace días que no vas a la piscina.

—No tengo ganas[19] de nadar —contesta él.

---

[18] *Preocupado/a:* cuando alguien no está tranquilo por algún motivo.
[19] *Tener ganas de hacer algo:* querer hacer algo.

—Últimamente, después de cenar, ya no dibujas, solo ves la tele.
—¿Para qué voy a dibujar? Nadie quiere mis historias.
—¡A mí me encantan!
—Tengo cincuenta años y no soy nadie.
—Eres Paco Fernández, mi artista favorito.
—Un hombre sin importancia.
—Un hombre inteligente, amable y divertido. Una buena persona.
—Tú sí que eres buena, divertida, inteligente y, además, guapa.
—¿Salimos el sábado a cenar y a bailar para celebrar que ahora soy jefa?

Carmen sonríe ilusionada, pero Paco la mira con ojos tristes.

—No tengo demasiadas ganas de bailar. Y además, bailo muy mal.

¡Pobre Paco!, piensa Carmen, ¡tiene la típica crisis de los cincuenta!

7
EL PLAN DE MARINA

Los Fernández cenan en el salón. Marina, Lucas y Carmen tienen hambre y acaban pronto la sopa, pero Paco mueve la cuchara en el plato y no come.

—Este viernes y el próximo lunes no tengo clase —dice Marina.

—¿Hacéis algo para carnaval con el grupo de teatro? —pregunta Carmen.

—Sí, el viernes por la mañana nos disfrazamos[20] para hacer un pasacalles[21].

—¿Y de qué vas disfrazada? —pregunta Carmen.

—De cerdita —contesta Marina.

—Es un disfraz perfecto para ti, hermana.

Lucas se ríe mucho. Lucas y Marina se llevan mal[22] y nunca están de acuerdo.

[20] *Disfrazarse:* vestir un disfraz.
[21] *Pasacalles:* fiesta popular en la calle con músicos y gente que baila.
[22] *Llevarse mal:* tener una mala relación.

EL PLAN DE MARINA

—Prefiero disfrazarme de cerdo que de princesa —responde Marina enfadada.

—Pero ¿por qué te disfrazas de cerdo, hija? —Carmen se ríe—. Hay animales más bonitos: el gato, el perro.

—Nos disfrazamos de los animales que comen Don Carnal y Doña Cuaresma: vacas, gallinas, cerdos, patos, peces... No comen gatos ni perros, mamá.

—¿Cuál es vuestro animal favorito... para comer? —pregunta Lucas.

—El pollo —contesta Marina.

—El cordero[23] —contesta Carmen.

—El cochinillo[24] de Chinchón al horno —dice Paco.

Marina sabe que este es el momento para hablar de su plan.

—¿Y cuánto tiempo hace que no lo comes, papá? —pregunta Marina.

—Mucho, porque hace mucho tiempo que no vamos al pueblo —contesta él.

—Pobre abuela, nunca vamos a visitarla —Marina sonríe.

—Tú nunca quieres ir —dice Paco.

—Sí que quiero, ¿vamos este fin de semana?

—En carnaval hay demasiados turistas —contesta Paco.

—Entonces, ¿cuándo queréis ir a Chinchón? —Marina se enfada.

—En primavera —contesta Paco.

—La abuela tiene noventa años, papá. ¿Y si en primavera es demasiado tarde?

---

[23] *Cordero:* oveja pequeña.
[24] *Cochinillo:* cerdo pequeño.

Paco piensa en la abuela, su madre, y se siente muy triste. Se levanta y sale.

—Ahora traigo las verduras.

Carmen está un poco enfadada con Marina, no la entiende.

—¿No ves que tu padre está deprimido? —le dice.

—A mí me apetece pasar unos días con la abuela —responde.

—Pero si tú te aburres en el pueblo —dice Carmen.

—¿A quién quieres ver en Chinchón? —Lucas se ríe.

—¡A la abuela! —Marina se pone roja.

—Pues si quieres ver a la abuela, te vas tú —dice Carmen.

—Vale. Pues me voy el viernes por la tarde en autobús —contesta Marina.

Paco trae las verduras en una bandeja, las sirve y se sienta muy serio.

—No te vas en autobús, hija, nos vamos todos en coche.

—Yo no puedo —dice Lucas—. Luis y yo nos vamos al carnaval de Tenerife.

Paco oye la palabra Tenerife y empieza a sonreír.

—¡A Tenerife! ¡Qué buenos recuerdos tengo! ¿Te acuerdas, Carmen?

Paco habla con entusiasmo de su luna de miel[25] a las islas Canarias hace veinticinco años. Recuerda los paseos por las playas de arena negra, las dunas[26] en el sur de la isla, el buceo en aguas cálidas de color verde, la excursión al Teide[27]. Paco viaja al pasado y es feliz: ya no tiene cincuenta años, tiene veinticinco otra vez.

---

[25] *Luna de miel:* viaje que hacen las parejas después de casarse.
[26] *Dunas:* pequeñas montañas de arena en los desiertos y en las playas.
[27] *Teide:* volcán de 3 718 metros de altitud.

8
LA CONVERSACIÓN CON LA ABUELA

El martes, Marina se levanta temprano, a las seis y media, porque quiere hablar con la abuela antes de ir al instituto. Primero, se ducha y se viste; después, se prepara el desayuno. A las siete, mientras toma un café con leche y una tostada de pan con tomate y aceite, llama a su abuela por teléfono. La abuela se alegra muchísimo al oír a su nieta, pero está un poco sorda y no la oye bien. Marina tiene que hablar en voz alta.

—Este viernes por la tarde, papá, mamá y yo vamos al pueblo a verte.

—¿Lucas no viene? —pregunta la abuela.

Marina piensa que Lucas es el nieto favorito de su abuela y siente celos[28].

—Prefiere ir al carnaval de Tenerife.

—¡Yo también! —la abuela se ríe.

---

[28] *Sentir celos:* sentirnos mal porque creemos que alguien quiere más a otra persona que a nosotros.

LA CONVERSACIÓN CON LA ABUELA

—Papá y mamá se quedan hasta el sábado, pero yo me quedo contigo y con la tía Aurora hasta el domingo —dice Marina muy contenta.

La abuela vive con su hermana Aurora, que tiene ochenta y ocho años. Son dos personas simpáticas, alegres y divertidas. Y con buena salud.

—¿Hasta el domingo? —responde la abuela sorprendida—. ¡Te vas a aburrir!

—Pero abuela, ¿no te alegras?

—Sí, pero ¿qué vas a hacer con dos momias[29] como nosotras?

—Pasear por el pueblo, disfrutar del carnaval, ir al mercado medieval...

Carmen y Paco hace rato que están despiertos porque Marina habla en voz muy alta. Carmen se levanta porque ya no pueden dormir con esos gritos. En pijama, llega a la puerta de la cocina en el momento en que Marina dice:

—Además, voy a quedar con Andrés, el hijo del panadero. ¡No me voy a aburrir, abuela!

Carmen abre la puerta rápidamente y dice muy seria:

—¡Por eso quieres ir a Chinchón! ¡Por Andrés!

Marina se calla primero, pero su madre sonríe y, al final, se ríen las dos.

—El hijo de Amadeo no viene —dice la abuela— porque trabaja el fin de semana. Ahora tiene un trabajo muy bueno en una productora. Su padre está muy contento. Se lo cuenta a todos los clientes de la panadería.

---

[29] *Momia:* cuerpo de una persona muerta hace siglos, como los reyes de Egipto.

LA CONVERSACIÓN CON LA ABUELA

Marina se calla. ¡No es posible! ¿Qué va a hacer ella en Chinchón si no está Andrés? La abuela y la tía Aurora son agradables, pero veinticuatro horas durante dos días suman cuarenta y ocho horas con dos ancianas que, entre las dos, suman ciento setenta y ocho años. ¡Demasiadas horas y demasiados años! Oye a su abuela que se despide.

—¡Hasta el viernes, nieta! Saludos a todos.

—Adiós, abuela.

Paco entra vestido y duchado, pero sin afeitar.

—Buenos días, hija —dice con voz triste.

Está deprimido otra vez. Coge la cafetera, se sirve una taza y se sienta.

—Buenos días, papá —contesta Marina seria.

—¿Qué pasa, Marina? —pregunta Carmen.

—Que tenéis razón, que me voy a aburrir en el pueblo. ¿Estáis contentos?

—Yo no estoy nada contento, hija. A mí tampoco me apetece ir a Chinchón.

Carmen los mira a los dos, a la hija y al padre. Ahora los dos están tristes y deprimidos. Pero tiene una idea. ¡Una gran idea! Como todas las suyas. Por algo es la jefa de su departamento.

9
MALA SUERTE

El miércoles por la mañana, a las nueve menos cuarto, Lucas entra en la estación de metro de Ópera para ir a la facultad de Biología. Sale de la estación de Ciudad Universitaria a las nueve y cinco aproximadamente. Tarda ocho minutos en llegar a la facultad. A veces, se encuentra con Luis en el metro o por el camino y van juntos a clase.

Lucas tiene ganas de encontrarse con su amigo para hablar del billete de avión a Tenerife y decidir cuál compra. Hay un billete muy barato, pero el avión sale a las cinco de la mañana y tienen que ir en taxi al aeropuerto porque a esas horas no hay metro: al final, no es tan barato. Hay otro billete barato, pero el avión sale a las nueve de la noche y llegan muy tarde: pierden todo el viernes. El avión ideal sale por la mañana, a las nueve y media: no tienen que madrugar demasiado y llegan al mediodía a Tenerife. Pero el billete es caro. Hay otros aviones que vuelan por la tarde y tienen diferentes precios.

Lucas no ve a Luis por el camino. Entra en clase y busca a su amigo, pero tampoco está. Lucas mira todo el rato la puerta

MALA SUERTE

para ver si entra su amigo, pero su amigo no llega. A las nueve y media entra el profesor y cierra la puerta. Empieza la clase.

A la una y media acaba la última clase. Antes de comer, Lucas llama a Luis, pero no contesta. ¡Qué raro!

A las dos menos cuarto Lucas entra en la cafetería de la facultad, donde come normalmente. Pide un menú del día. Elige de primero sopa, de segundo sardinas a la plancha y de postre flan. Tiene mucha hambre. Mientras come, suena su móvil.

—Hola, Luis, ¿dónde estás? —pregunta Lucas.

—En la cama, me encuentro fatal —contesta Luis, con voz débil.

—¿Estás enfermo?

—Tengo fiebre, tos, me duele la cabeza y estoy muy cansado.

—Me parece que tienes gripe —dice Lucas.

—Mi tío nos deja el apartamento. El problema es que yo no sé si voy a estar bien el viernes.

—¡Qué mala suerte! —dice Lucas.

—Si quieres ir tú, le pido las llaves del apartamento.

—Si tú no vas, yo no voy.

—Lo siento, Lucas.

—No pasa nada. Esperamos hasta mañana, de todas formas.

Pero Lucas sabe que una gripe no se cura en un día ni en dos. Después de la noticia, ya no tiene hambre. Se toma la sopa, pero se deja las sardinas y el flan. Ni a Venecia ni a Tenerife, al final, a Chinchón. ¡Qué mala suerte!

10
EL PLAN DE CARMEN

Hoy es el primer día de Carmen como jefa del departamento. Los jueves, después de trabajar, normalmente va al gimnasio. Pero hoy no puede ir porque tiene varias reuniones y sale más tarde del despacho. Ahora trabaja más horas, tiene más responsabilidades, pero ¡es ella quien organiza las vacaciones y los días libres! Decide sorprender a su marido con un regalo.

Carmen llega a casa a las nueve, la hora de cenar. Su marido y su hija la esperan en el salón-comedor con la mesa puesta.

—¡Ya estoy aquí, familia!

—¿Qué tal tu primer día como jefa? —le pregunta Paco.

—Muy intenso, pero muy bien. Estoy contenta. ¿Y vosotros?

—Bien —contestan.

Carmen sabe que su hija y su marido no están muy contentos.

—Quiero pediros un favor —dice Carmen.

—Claro, ¿qué necesitas? —dice Paco.

—Necesito vuestra ayuda para mañana viernes.

EL PLAN DE CARMEN

—El viernes por la mañana tengo el pasacalles de carnaval —dice Marina.

—Si no vas, ¿pasa algo?

—¡Mamá! No pasa nada, pero si es posible, prefiero ir.

—Y tú, Paco, ¿puedes pedir un día libre en el trabajo?

—Claro, mi trabajo no es importante como el tuyo. No pasa nada si cojo un día de mis vacaciones —Paco sonríe triste.

—¡Qué bien! Gracias, mi amor —responde Carmen con una gran sonrisa.

—Pero, ¿para qué quieres nuestra ayuda? —Marina no sonríe.

—Aquí está todo lo que tenéis que hacer.

Carmen les entrega dos sobres, uno a Paco y otro a Marina y se va. Por el pasillo, sonríe divertida por la sorpresa que les va a dar.

Marina y Paco abren los sobres y leen… ¡Son unos billetes de avión para ir a Tenerife! También hay información del carnaval, del hotel y un mapa de la ciudad y de la isla.

—¡Nos vamos al carnaval de Tenerife! —grita entusiasmada[30] Marina.

Paco sonríe emocionado, con su billete de avión en la mano.

—¡Mamáááá! —grita Marina—. ¡Gracias!

Carmen vuelve vestida con ropa cómoda.

—¡Gracias, mamá!

—Si prefieres quedarte para el pasacalles, no importa —bromea Carmen.

—¡Prefiero ir a Tenerife! —Marina se ríe.

Paco abraza a su mujer y la besa. Está feliz.

---

[30] *Entusiasmado/a:* muy contento.

EL PLAN DE CARMEN

—Es una sorpresa maravillosa, cariño.

Marina trae de la cocina pescado con patatas. Se sientan todos a la mesa.

—¡A cenar! —dice Marina.

Lucas entra en el salón-comedor y se sienta con cara triste.

—¿Qué te pasa? —le pregunta Carmen.

—Luis está enfermo. Al final, me voy con vosotros a Chinchón.

Los tres, Marina, Paco y Carmen se miran sorprendidos. Empiezan a reírse.

—¿Por qué os reís? —pregunta Lucas.

Marina le enseña su billete de avión a Lucas.

—Porque nosotros tres no vamos a Chinchón —le dice.

—Nosotros tres nos vamos a Tenerife —dice Paco divertido.

Lucas mira el billete sorprendido, ¡no es posible! ¡Su familia se va al carnaval de Tenerife y él, no! ¡Qué mala suerte!

—Si quieres venir con nosotros, tu madre, la jefa, te invita —dice Carmen.

—¡Gracias, mamá! —Lucas sonríe feliz.

Durante la cena, los cuatro hablan entusiasmados y preparan el plan para visitar Tenerife durante el carnaval. ¡Lo van a pasar fenomenal[31]!

---

[31] *Pasarlo fenomenal:* pasarlo bien, divertirse.

11
DESTINO TENERIFE NORTE

A las ocho de la mañana, los Fernández llegan en taxi al aeropuerto de Barajas. Carmen y Paco llevan una maleta grande con todas sus cosas, Marina y Lucas llevan una maleta pequeña cada uno.

Por un pasillo mecánico muy largo se dirigen hacia «salidas». En la zona de facturación[32] de Iberia, la aerolínea española, hay largas colas[33] de gente.

—¿Por qué traéis la maleta grande? —dice Marina—. Ahora tenemos que hacer cola para facturarla.

—Yo prefiero facturar, es más cómodo ir sin maleta —dice Carmen.

—La cola va rápida —dice Paco—. ¿Vosotros no queréis facturar?

---

[32] *Facturación:* zona donde damos las maletas a los empleados y ellos las llevan al avión.
[33] *Cola:* cuando hay mucha gente que espera en orden para entrar en algún lugar.

—No es necesario, llevamos maletas de cabina —responde Lucas.

—Pero vais a tener que esperarnos a nosotros —dice Carmen.

—Tienes razón. Vale, facturo mi maleta también —contesta Marina.

—Yo prefiero llevar la maleta conmigo, así no la pierden —contesta Lucas.

—Es un vuelo directo, tu maleta no se va a perder —dice Paco.

—Está bien, facturo con vosotros.

A las ocho y media, los Fernández caminan sin maletas hacia el control de policía, donde hay más colas. Se quitan los abrigos y los ponen en unas cajas con los bolsos para pasar el escáner. Después, pasan por el detector de metales y recogen sus cosas sin problemas.

A las nueve menos cuarto, llegan a la zona de embarque. Pasan al lado de muchas tiendas de ropa, perfumes, bebidas, comida, etc. También hay restaurantes y cafeterías.

—El embarque está cerrado todavía. ¿Vamos a tomar un café? —dice Paco.

—Paco, no tenemos tiempo, el avión sale a las nueve y media —dice Carmen.

—Lucas y yo necesitamos beber algo con la pastilla[34] —responde.

Lucas tiene un poco de miedo a volar, pero su padre tiene pánico. Están nerviosos y necesitan tomar una pastilla para estar tranquilos.

—Compramos unas botellas de agua, papá —dice Lucas.

---

[34] *Pastilla:* medicamento.

DESTINO
TENERIFE NORTE

—¡El embarque ya está abierto! —dice Marina.

Mientras Marina y Carmen hacen cola para embarcar, Lucas y Paco compran dos botellas pequeñas de agua en una máquina y se toman la pastilla.

En el avión, ellos se sientan cerca del pasillo para no ver el cielo ni las nubes. Carmen y Marina se sientan al lado de la ventanilla, les encanta ver el paisaje.

A las nueve y media despega el avión. Un cuarto de hora después, Paco y Lucas duermen tranquilamente.

Tres horas después, el avión aterriza en el aeropuerto de Tenerife Norte. Carmen y Marina tienen que despertarlos.

Veinte minutos después, llegan a la zona de recogida de equipajes. Diez minutos más tarde, empiezan a salir las maletas por la cinta transportadora.

—Nosotras necesitamos ir al aseo —dice Carmen.

—Tranquilas, nosotros recogemos las maletas —dice Paco.

—Volvemos enseguida —dice Marina.

Lucas y Paco están un poco dormidos todavía. La maleta verde de Lucas pasa delante de él, pero la ve cinco segundos después.

—¡Aquella es mi maleta!

Lucas corre a por su maleta. Después, recoge la maleta azul de Marina.

—¡Allí viene mi maleta! —grita Paco.

Paco recoge la maleta gris grande.

—¡Ya las tenemos! Vamos a buscar a tu hermana y a tu madre.

Paco y Lucas se van hacia los aseos. En ese momento, sale por la cinta transportadora una maleta gris grande exactamente igual.

12
UN PEQUEÑO PROBLEMA

El aeropuerto de Tenerife Norte está a doce kilómetros de Santa Cruz, la capital de Tenerife. Los Fernández suben en un taxi para ir hasta el centro de la ciudad. Se quitan los abrigos. En Madrid es invierno y hace frío, pero en Santa Cruz es primavera. En la calle ven un termómetro: 24 °C. Hay mucho tráfico, pero llegan al hotel en media hora.

—¡Qué calor! —dice Paco.

—¡Qué ganas de cambiarme de ropa! —dice Carmen.

—Yo también —dice Marina.

—Yo tengo hambre, ¡son las tres menos cuarto! —dice Lucas.

—No, son las dos menos cuarto —Paco sonríe—. Aquí hay una hora menos.

—Tienes razón, en Canarias siempre hay una hora menos —dice Lucas.

—¡Qué bien! Tenemos una hora más —dice Marina.

—Nos cambiamos rápidamente y nos vamos a comer —dice Carmen.

UN PEQUEÑO PROBLEMA

El hotel está lleno de turistas con maletas que vienen al carnaval. Algunos clientes van disfrazados.

—¡Qué divertido! ¿Compramos pelucas[35] o algo esta tarde? —pregunta Marina.

—A mí no me gusta disfrazarme —dice Carmen.

—A mí tampoco. Y no me gustan nada las pelucas —dice Lucas.

—Yo prefiero no disfrazarme —Paco se ríe.

Los Fernández suben en ascensor a las habitaciones. Marina y Lucas se van por la izquierda del pasillo; Paco y Carmen, por la derecha.

—Os esperamos en nuestra habitación —dice Carmen.

Paco y Carmen entran en la habitación. Es grande, luminosa, moderna y bonita. Carmen mira el mar desde el balcón. ¡Qué maravilla! Paco pone los números de la contraseña para abrir la maleta: 5421. No se abre.

—Carmen, ¡no puedo abrir la maleta! ¿Tú recuerdas la contraseña?

—Sí, es el primer número de nuestra edad, de mayor a menor: 5 por tus 50, 4 por mis 48, 2 por los 20 de Lucas y 1 por los 17 de Marina: 5421.

—¡Sí, ese es el número, pero la maleta no se abre! —Paco está nervioso.

Carmen no entiende nada. Ella tampoco puede abrir la maleta.

—La contraseña es esta. ¡La maleta está estropeada[36]! —dice Carmen, al final.

---

[35] *Peluca:* pelo artificial.
[36] *Estropeado/a:* no funciona.

UN PEQUEÑO PROBLEMA

—¿Qué hacemos? Necesitamos la ropa, hace mucho calor —dice Paco.

Llegan Marina y Lucas, vestidos con ropa fresca. Sus padres les cuentan el problema de la maleta.

—Te puedes poner mi ropa, papá —dice Lucas.

—Y tú te pones la mía, mamá —dice Marina.

—Paco, ¿nos disfrazamos de nuestros hijos? —Carmen se ríe.

Paco se pone unos pantalones y una camiseta de Lucas, pero su hijo es más delgado que él y no le queda bien la ropa, está muy incómodo. Él es más gordo y más bajo. Carmen, Marina y Lucas se ríen de Paco.

Carmen se pone un vestido de Marina, pero ella es más delgada que su hija, el vestido le queda demasiado ancho y es muy corto para ella. Todos se ríen.

—Antes o después, tenemos que abrir la maleta —dice Paco.

—Es vieja, la rompemos y, mañana, compramos otra —dice Carmen.

Paco baja a la recepción y vuelve con herramientas. No es fácil romperla, es muy dura. Entre Paco y Lucas, finalmente, rompen la maleta y la abren, pero… ¡Sorpresa! ¡Dentro no está su ropa!

—¡¿Qué es esto?! —dice Paco.

—¡No es nuestra maleta! —grita Carmen.

—¿No es vuestra maleta? —grita Marina.

—Es igual que la nuestra, pero no es la nuestra —Carmen está nerviosa.

—No pasa nada, vamos al aeropuerto y la devolvemos —dice Paco.

UN PEQUEÑO PROBLEMA

Paco llama al aeropuerto para solucionar el problema. Un empleado le informa de que la otra maleta la tiene un señor que ahora está ¡en la isla de La Gomera! Y no vuelve a Tenerife hasta el sábado por la noche. El domingo por la mañana, los Fernández van a tener su maleta en el aeropuerto. El señor de La Gomera va a recibir dinero de su seguro de viaje por la maleta rota y está muy contento.

—El señor de La Gomera nos regala todo lo que hay en la maleta —dice Paco.

—¡Vamos a ver qué hay! —dice Marina divertida.

Los cuatro sacan todo lo que hay... ¡Disfraces y pelucas!

13
LOS DISFRACES

A las dos y media, los Fernández salen del hotel y buscan por la calle un restaurante típico para comer. Marina y Lucas miran a sus padres y se ríen. Carmen va disfrazada de abeja[37], Paco lleva un traje de flamenca y una peluca con una flor. Marina lleva un disfraz de pirata; Lucas, nada.

—Ahora ya no tengo calor —dice Carmen—. Y aquí no nos conoce nadie.

—A mí, con esta peluca y el traje no me conoce ni mi madre —dice Paco.

Entran en un restaurante de comida típica canaria y piden varios platos.

—A mí me encantan las papas arrugadas con mojo picón —dice Paco.

—¿Cómo son? —pregunta Marina.

---

[37] *Abeja:* insecto que vuela y hace miel.

—Son unas patatas hervidas con una salsa picante, típica de las islas.

—A mí me encanta la ropa vieja —dice Carmen—. Es carne guisada.

—¿Qué es el gofio[38]? —pregunta Marina, que lee la carta.

—Es la comida de los guanches, los antiguos canarios —dice Paco.

—Pedimos papas y gofio para todos, ¿os parece bien? —pregunta Carmen.

—Vale, pero yo también quiero conejo —Lucas tiene hambre.

—Yo voy a pedir atún —dice Marina.

El camarero les trae la comida. Disfrutan comiendo los platos típicos de la gastronomía canaria porque todo está buenísimo. Y, además, es barato. El camarero sonríe divertido cuando mira a Carmen y Paco.

—¿Los señores desean tomar algún postre? —pregunta el camarero.

—Queremos postres canarios —dice Paco—. ¿Qué nos recomienda?

—Si les gusta el chocolate, les recomiendo el Príncipe Alberto —contesta.

—¡Yo quiero ese postre! —dice Marina.

—El bienmesabe es más dulce, lleva almendras y limón —dice el camarero.

—¡Ese postre es para mí! —dice Paco.

—Y el frangollo es delicioso. Lleva leche, mantequilla, limón, almendras, canela... —el camarero sonríe orgulloso—. Es el postre típico de Tenerife.

---

[38] *Gofio:* harina tostada

LOS DISFRACES

A Carmen y a Lucas no les gustan demasiado los dulces.
—¿Un frangollo para los dos? —pregunta Carmen a Lucas.
—Vale. Si no nos gusta, papá y Marina se lo comen —contesta Lucas.
Pero el frangollo está muy bueno y se lo comen ellos dos. Después, Lucas y Marina van a los aseos mientras sus padres se toman un café y piden la cuenta. En ese momento, entran en el restaurante los García: Manolo y Charo, su mujer, con su hija Cristina.
—¡Los vecinos del segundo! —dice Carmen.
—¡Y nosotros con estos disfraces! —Paco se siente ridículo.
—¡Vienen hacia aquí!
Carmen se pone la capucha de abeja y las gafas de sol, Paco se pone la peluca con la flor otra vez y las gafas de sol. Los García se sientan en la mesa de al lado. Afortunadamente, ¡no los reconocen!
—Pero Lucas no lleva disfraz, si lo ven... —dice Paco.
—¡Vámonos! —responde Carmen.
Carmen y Paco se levantan de la mesa rápidamente. Lucas y Marina salen del aseo. Lucas ve a Cristina sentada con su familia en la mesa.
—¡Cristina, la vecina del segundo! —dice Lucas.
Paco y Carmen van hacia la salida y se encuentran con sus hijos.
—¿Sabéis quiénes están ahí? —pregunta Lucas.
—¡Sí, los García! —contesta Paco—. ¡Vámonos!
Paco paga la cuenta en la entrada del restaurante y salen rápidamente.

14
LA CABALGATA DE CARNAVAL

Por la tarde, los Fernández van a pasear al Parque César Manrique para disfrutar de las bonitas vistas al océano Atlántico, al castillo y al original auditorio, símbolo de la ciudad. Desde allí van en guagua —como llaman los canarios al autobús— hasta el centro histórico. Visitan las calles antiguas donde hay bonitos edificios, iglesias y casas de colores.

A las ocho, llegan a la Plaza de España, la más grande y la más importante de Santa Cruz. La plaza está llena de público. Todos esperan para ver pasar la Cabalgata, un gran espectáculo de gente disfrazada: grupos musicales, artistas, amigos y asociaciones recorren las calles principales. Es una explosión de color, ritmo, música y alegría. Los Fernández aplauden entusiasmados.

—¡Ahí llega la reina del carnaval! —dice Marina.

La reina es una chica joven maquillada de fiesta y vestida con un espectacular traje de fantasía con plumas de aves exóticas y de todos los colores. La reina va en una carroza[39] muy grande y saluda al público, que aplaude desde las aceras. Los

---

[39] *Carroza:* vehículo que se usa en las cabalgatas.

LA CABALGATA DE CARNAVAL

trajes de las damas de la reina también son maravillosos. Los diseñadores necesitan meses para hacerlos y pesan más de cien kilos.

—¡Cuánta imaginación! —dice Carmen.

Durante horas, las asociaciones de carnaval recorren el centro de la ciudad al ritmo de la música. Los Fernández disfrutan, pero cuando la Cabalgata termina, deciden descansar y acostarse pronto porque esto es solo el principio. Al día siguiente ¡hay más fiesta!

15
DESAYUNO DE CARNAVAL

Los Fernández se levantan temprano. A las ocho y media Marina, Carmen y Paco bajan a desayunar al comedor del hotel. Marina lleva hoy un disfraz de bailarina tropical que encuentra en la maleta del señor de La Gomera. Carmen y Paco se disfrazan otra vez de abeja y de flamenca porque no encuentran otros disfraces de su talla en la maleta.

—Después de desayunar, nos vamos a comprar ropa —dice Paco.

—Sí. Yo no quiero llevar este traje de abeja ni un día más —dice Carmen.

Los clientes los miran divertidos, algunos se ríen.

—Todos se ríen de nosotros —dice Paco, tímido.

—Porque estáis muy graciosos —dice Marina.

—Tú estás graciosa, tu padre y yo estamos ridículos —dice Carmen.

—Creo que voy a subir a ponerme la ropa de invierno —dice Paco.

DESAYUNO DE CARNAVAL

—Yo, también. Prefiero pasar calor que vergüenza —dice Carmen.

Carmen y Paco se levantan de la mesa. En ese momento, los García entran en el comedor. Paco y Carmen se sientan otra vez rápidamente.

—¡Los García están aquí! —dice Paco.

—No nos reconocen, tranquilo —dice Carmen.

Lucas entra en el comedor y llega hasta la mesa. Cristina lo ve.

—¡Lucas! —grita Cristina.

Los García miran a la mesa donde se sienta Lucas y ven a Marina, a Paco y a Carmen. Se ríen muchísimo.

—¡Pero si sois los Fernández! —dice Manolo.

—¡Vamos a desayunar todos juntos! —dice Charo.

Los García se levantan de su mesa y van hasta la mesa de los Fernández. Se sientan con ellos sin pedir permiso. Paco está un poco enfadado[40].

—Qué divertidos sois los Fernández —Charo se ríe.

—Y tú, Lucas, ¿por qué no te disfrazas? —pregunta Cristina.

—Porque no necesito disfrazarme —responde Lucas.

Los García no entienden a Lucas.

—Nadie necesita disfrazarse —contesta Manolo.

—Paco y yo sí, porque no tenemos nuestra ropa —dice Carmen.

Los García no lo entienden. Entonces, los Fernández les cuentan la historia de la maleta: no tienen su ropa de primavera y necesitan ir a una tienda para comprar ropa fresca y quitarse los disfraces.

---

[40] *Enfadado/a:* te sientes así cuando alguien hace algo que te molesta.

—Paco, yo tengo cinco camisas y dos trajes en la maleta —dice Manolo—. Te presto algo de ropa.

—Y yo tengo un vestido y una chaqueta para ti, Carmen —dice Charo.

—Yo puedo prestarte mi ropa, Marina —dice Cristina—. Y te quitas eso.

—¡Yo me disfrazo porque me gusta! Tengo mi ropa en la maleta.

—Ah, bueno —dice Cristina, tímida—. Perdona.

Después de desayunar, Paco y Carmen suben a la habitación de los García, se quitan los trajes de abeja y de flamenca y se ponen el traje de Manolo y el vestido de Charo. Se miran en un espejo y se ríen: ahora van disfrazados de los vecinos del segundo, llevan ropa cara y elegante.

16
CARNAVAL CON LOS VECINOS

Por la mañana, Los Fernández visitan el popular mercado de La Recova, donde venden frutas tropicales, flores de todos los colores, verduras, etc. Después, van en taxi hasta la playa de las Teresitas, a siete kilómetros desde el centro de Santa Cruz. Allí disfrutan de un paseo por la arena, del sol, de las palmeras y del mar tranquilo. A las dos se van a San Andrés, un pueblo pesquero que está muy cerca de allí, para comer pescado fresco de la zona.

Después de comer, vuelven al hotel para echarse una siesta y descansar.

A las seis y media, los Fernández se encuentran con los García en la recepción del hotel para ir juntos a los espectáculos del carnaval.

Las dos familias salen hacia la plaza de la Candelaria, donde hay actuaciones musicales y baile. Manolo y Charo bailan juntos todas las canciones. Carmen y Paco también bailan y se divierten.

—¡Qué bien bailan tus padres! —le dice Lucas a Cristina.

—En Madrid van a clases de bailes de salón —dice Cristina—. Tu hermana también baila muy bien.

—También va a clases de baile en Madrid. Le encanta bailar —dice Lucas.

Marina está con un grupo de gente de su edad y baila con todos.

—¿A ti no te gusta bailar? —Cristina sonríe.

—No sé bailar esta música —responde.

—¡Yo te enseño!

Cristina es una buena maestra y Lucas un buen alumno, aprende pronto. A los diez minutos, ya bailan como una pareja de baile.

Durante el carnaval, hay espectáculos en muchas plazas del centro. Los siete madrileños caminan desde la plaza de la Candelaria hasta la plaza del Príncipe para ver un concurso de grupos musicales.

Después, van hasta la plaza de Francisco La Roche, donde hay un grandísimo escenario y actúan varias orquestas durante toda la noche.

Las dos familias disfrutan del carnaval y bailan hasta muy tarde. Vuelven al hotel muy cansados, pero contentos.

17
VUELTA A MADRID

El domingo por la mañana, los Fernández se levantan tarde y no bajan a desayunar. Se van a pasear cerca del mar y toman un almuerzo temprano para despedirse de la ciudad.

A las doce y media se van al aeropuerto. El avión sale a las tres, pero quieren llegar pronto para recoger su maleta.

A la una y media, Carmen y Paco facturan su maleta grande otra vez. Marina y Lucas deciden no facturar.

A las dos, ya están los cuatro delante de la puerta de embarque, pero todavía deben esperar una hora. Marina y Lucas envían mensajes desde el móvil a sus amigos, Carmen lee una novela y Paco… saca un cuaderno que siempre lleva en su maleta y empieza a dibujar todas las situaciones divertidas del viaje y del fin de semana en Tenerife: cuando rompen la maleta del señor de La Gomera, cuando se disfrazan de sus hijos, de abeja y de flamenca; finalmente, de sus vecinos del segundo. ¡Qué divertido!

Abren el embarque y los Fernández suben al avión. Paco no se acuerda de que tiene pánico a volar y no se toma la pastilla. Dibuja durante todo el vuelo hasta que llegan a Madrid. Carmen mira a su marido y se siente feliz.

A las diez de la noche, las nueve en Canarias, los Fernández llegan a casa.

Antes de irse a dormir, Marina recibe un mensaje de Andrés: «¿Qué tal en Chinchón?» Marina se ríe y escribe: «Vuelvo ahora del carnaval de Tenerife». Quedan al día siguiente para verse y contarse sus aventuras. Marina está entusiasmada y cree que no va a poder dormir. Pero se duerme enseguida.

Lucas piensa en Cristina. Quizás no es tan superficial. Además es amable y divertida. Y también es bastante atractiva. Y vive muy cerca…

Paco dibuja hasta la medianoche, hasta que se siente demasiado cansado.

En la cama, Carmen mira a su marido, que duerme con una sonrisa en la cara. Los viajes son maravillosos. Paco Fernández, su artista favorito, dibuja otra vez. Adiós a la tristeza. ¡Gracias, Tenerife! ¡Gracias, carnaval!

ACTIVIDADES

1. LA VECINA SUPERFICIAL

1. ¿Qué sabes sobre Lucas Fernández y su vecina?

   Lucas estudia (1) .... en la (2) ....
   Vive en un barrio que está en el centro histórico de (3) .... Tiene (4) .... años. Es un chico inteligente, alto y guapo. Tiene el pelo (5) ...., castaño, los ojos (6) .... y una bonita sonrisa. Su vecina se llama (7) .... y estudia (8) .... en una universidad (9) .... Siempre habla de (10) .... y está (11) .... de Lucas.

2. ¿Verdadero o falso?

		V	F
1.	Lucas estudia tercero de Biología.	☐	☐
2.	Lucas vive en el segundo piso.	☐	☐
3.	Cristina es mayor que Lucas.	☐	☐
4.	Cristina tiene el pelo largo.	☐	☐
5.	A Lucas le gusta el estilo de Cristina.	☐	☐
6.	Cristina no es alta.	☐	☐

REFLEXIÓN

1. ¿Recuerdas cómo visten Lucas y Cristina? ¿Qué estilo te gusta más? ¿Por qué?
2. ¿Qué ropa llevas tú normalmente?

ACTIVIDADES

2. EL VECINO PESADO

1. **Elige la opción correcta.**
   1. El padre de Lucas se llama **Paco/Manolo**.
   2. Al padre de Cristina le gusta la **ecología/tecnología**.
   3. Paco siempre va en **coche/transporte público** por la ciudad.
   4. Lucas es más **alto/bajo** que Manolo.
   5. Lucas piensa que hay que prohibir el transporte **privado/público**.
   6. Cuando llega a su casa, Paco está **contento/cansado**.

2. **Relaciona la información de las dos columnas.**

   1. Lucas vive
   2. Manolo es una persona
   3. A Paco no le gusta
   4. En sus vacaciones Paco viaja
   5. Manolo piensa que el coche
   6. Paco piensa que el coche
   7. A Lucas no le gustan
   8. Lucas no quiere

   a. es muy contaminante.
   b. hablar con Cristina.
   c. en la calle de la Bola.
   d. muy consumista.
   e. en tren o en avión.
   f. su vecino.
   g. las personas que no respetan el medioambiente.
   h. es mejor que el transporte público

REFLEXIÓN

¿Con quién estás más de acuerdo: con Manolo o con Lucas y Paco? ¿Eres una persona ecologista?

ACTIVIDADES

3. EL PLAN DE LUCAS

1. **Relaciona las palabras para formar expresiones que aparecen en este capítulo.**

   1. hablar   a. del consumo
   2. clases   b. dinero
   3. ganar   c. frío
   4. estar en contra d. por teléfono
   5. luchar   e. una ciudad
   6. conocer   f. de avión
   7. billete   g. por un mundo mejor
   8. hacer   h. particulares

2. **Completa las frases sobre este capítulo.**
   1. Lucas y Luis miran el ordenador porque quieren ir al famoso ....
   2. Pero Lucas no tiene bastante ....
   3. Lucas no .... mucho porque le gusta comprar libros y salir con los amigos…
   4. Luis no tiene problemas económicos porque su familia es ....
   5. Lucas y Luis son ecologistas y .... del consumo.
   6. Luis quiere .... a Lucas a Venecia, pero Lucas no acepta.
   7. Luis prefiere ir a .... porque ya conoce Cádiz.
   8. Pueden quedarse gratis en el apartamento del ....

¿Crees que eres una persona consumista? ¿Por qué?

ACTIVIDADES

4. EL CHICO IDEAL

1. **¿Qué sabes sobre Marina Fernández y Andrés?**

   Marina estudia (1) .... de bachillerato. Dos días a la semana tiene clases de (2) .... por la tarde. Ahora (3) .... una obra para el carnaval. La (4) .... de Marina vive en Chinchón. Andrés tiene (5) .... años y estudia (6) .... en la universidad. Es alto, atractivo y lleva (7) .... Le gusta mucho (8) .... y los videojuegos. Es el (9) .... del panadero de Chinchón.

2. **Lee las siguientes informaciones. Hay tres que no son verdad. Márcalas con una ✗.**

   1. Las personas en la calle se ríen de Marina. ☐
   2. Marina ve a Andrés con frecuencia. ☐
   3. A Marina no le gusta mucho Andrés. ☐
   4. Marina está muy nerviosa cuando habla con Andrés. ☐
   5. El padre de Marina es de Chinchón. ☐
   6. Chinchón está lejos de Madrid. ☐
   7. Andrés propone a Marina encontrarse el fin de semana en Chinchón. ☐
   8. Marina descubre que lleva el maquillaje de cerdita cuando llega a casa. ☐

REFLEXIÓN

¿Cómo se siente Marina al final de este capítulo? ¿Por qué?

ACTIVIDADES

5. UNA GRAN NOTICIA

1. Relaciona la información de las dos columnas.

   1. Es un día muy especial para Carmen porque
   2. Carmen llega a casa y entra en la cocina,
   3. Paco está en la cocina y llora
   4. Paco últimamente no está
   5. Cuando Carmen da la noticia a Paco,
   6. Carmen quiere
   7. Lucas y Marina se despiertan
   8. A veces los hermanos se enfadan porque tienen

   a. hacer una reforma en el piso.
   b. a partir de hoy es la jefa del departamento.
   c. pero no se quita el abrigo.
   d. porque corta cebolla.
   e. muy contento.
   f. que esperar para ir al baño
   g. él le da un beso.
   h. a las siete y cuarto.

2. ¿Quién o quiénes?

   Paco – Carmen – Marina – Lucas

   1. Tiene 48 años: ....
   2. Prepara la cena: ....
   3. Dirige un departamento: ....
   4. Llora: ....
   5. Pone la mesa: ....
   6. Va a ganar más dinero: ....

¿Cuántas personas viven contigo? ¿Crees que es mejor vivir solo o acompañado?

ACTIVIDADES

6. LA CRISIS DE LOS 50

1. Relaciona las siguientes palabras con otras que significan lo contrario.

1. deprisa
2. simpático/a
3. cómodo/a
4. divertido/a
5. guapo/a
6. triste
7. bueno/a
8. casado/a

a. malo/a
b. despacio
c. aburrido/a
d. antipático/a
e. feo/a
f. soltero/a
g. alegre
h. incómodo/a

2. ¿Verdadero o falso?

		V	F
1.	Esta noche van a cenar sopa de verduras y pescado al horno.	☐	☐
2.	Paco está deprimido porque no tiene éxito profesional.	☐	☐
3.	Carmen gana más dinero en su trabajo que Paco.	☐	☐
4.	Paco quiere mucho a Carmen.	☐	☐
5.	Paco no va nunca a la piscina a nadar.	☐	☐
6.	Paco no quiere dibujar.	☐	☐
7.	A Carmen le gustan mucho los dibujos de Paco.	☐	☐
8.	Carmen y Paco van el sábado a cenar y a bailar.	☐	☐

REFLEXIÓN

1. ¿Crees que es normal la crisis de Paco? ¿Por qué?
2. ¿Qué crees que puede hacer Paco para sentirse mejor?

ACTIVIDADES

7. EL PLAN DE MARINA

1. **¿Quién o a quién?**
   1. No tiene clase el viernes ni el lunes: ....
   2. Participa en un pasacalles el viernes: ....
   3. Le gusta el cochinillo de Chinchón: ....
   4. Quiere ir a Chinchón en primavera: ....
   5. Está enfadado/a con Marina: ....
   6. Trae las verduras: ....
   7. Quiere ir a Chinchón en autobús: ....
   8. Va a Tenerife este fin de semana: ....

2. **Elige la opción correcta**
   1. Los Fernández cenan en ....
      a. un restaurante   b. su casa   c. en Chinchón
   2. El viernes Marina se disfraza de ....
      a. gato   b. cerdo   c. perro
   3. Marina y Lucas se llevan ....
      a. muy bien   b. mal   c. bien
   4. A Carmen le gusta ....
      a. el cordero   b. el pollo   c. el cochinillo
   5. La abuela de Lucas y Marina tiene ....
      a. 90 años   b. 80 años   c. 100 años
   6. Paco tiene buenos recuerdos de ....
      a. Tenerife   b. Chinchón   c. Madrid

¿Cómo se siente Paco al final de este capítulo? ¿Por qué?

ACTIVIDADES

8. LA CONVERSACIÓN CON LA ABUELA

1. Completa las frases sobre este capítulo.
   1. Marina habla con la abuela antes de ir al ....
   2. Marina desayuna un café con leche y ....
   3. La hermana de la abuela tiene .... años.
   4. Marina piensa que Lucas es el .... favorito de la abuela.
   5. Lucas va a ir al carnaval de ....
   6. Andrés es el hijo del .... de Chinchón.

2. Completa el resumen del capítulo con la información que falta.

   Marina se levanta temprano porque (1) .... antes de ir a clase. Después de ducharse y vestirse, desayuna y (2) .... con la abuela. Marina tiene que gritar porque la abuela (3) .... Marina le dice a su abuela que quiere visitarla, pero la abuela piensa que (4) .... La madre de Marina descubre que Marina quiere ir a Chinchón para (5) .... La abuela le dice a Marina que Andrés este fin de semana (6) .... y no a va a ir a Chinchón. Marina está triste y no quiere ir a Chinchón. El padre de Marina tampoco quiere ir a Chinchón porque (7) .... Entonces Carmen tiene una (8) ....

   a. tiene que trabajar
   b. habla por teléfono
   c. ver a su amigo Andrés
   d. está deprimido
   e. quiere hablar con su abuela
   f. está un poco sorda
   g. gran idea
   h. Marina se va a aburrir

1. ¿Crees que Marina va a ir finalmente a Chinchón?
2. ¿Qué crees que va a proponer Carmen a su familia?

9. MALA SUERTE

1. ¿Qué hace Lucas a estas horas? Relaciona.

   1. A las nueve menos cuarto
   2. A las nueve y cinco
   3. Casi a las nueve y cuarto
   4. A las nueve y media
   5. A la una y media
   6. A las dos menos cuarto

   a. termina la última clase.
   b. entra en el metro.
   c. empieza la clase.
   d. llega a la facultad.
   e. sale de la estación del metro.
   f. entra en la cafetería de la facultad.

2. Ordena lo que sucede en este capítulo.

1	2	3	4	5	6	7
c						

a. Lucas busca a Luis porque quiere hablar sobre el viaje.
b. Suena el móvil de Lucas mientras come.
c. Lucas llega a la facultad.
d. Lucas sabe que no va a ir a Tenerife y piensa que tiene que ir a Chinchón.
e. Lucas llama a Luis por teléfono pero no contesta.
f. Luis le dice a Lucas que está enfermo.
g. Lucas va a la cafetería.

ACTIVIDADES

REFLEXIÓN

Luis no puede ir a Tenerife porque está enfermo, pero ofrece a Lucas el apartamento de su tío. Imagina que eres Lucas, ¿qué haces: aceptas o rechazas el apartamento?

10. EL PLAN DE CARMEN

1. Relaciona la información de las dos columnas.

1. Hoy Carmen tiene muchas reuniones y
2. Carmen quiere sorprender a su marido
3. Marina y Paco esperan a Carmen
4. En los sobres Paco y Marina encuentran
5. Paco está feliz y besa y abraza
6. Los Fernández cenan
7. Lucas se sienta en la mesa con cara triste porque
8. Carmen también invita a Lucas a

a. a su mujer.
b. para cenar.
c. unos billetes de avión e información del carnaval, del hotel y de la isla.
d. no quiere ir a Chinchón.
e. sale más tarde del trabajo.
f. ir a Tenerife con toda la familia.
g. con un regalo.
h. pescado con patatas.

ACTIVIDADES

2. ¿Verdadero o falso?

		V	F
1.	Hoy es jueves.	☐	☐
2.	Carmen no puede ir hoy al gimnasio.	☐	☐
3.	Carmen, ahora que es jefa, trabaja menos.	☐	☐
4.	Carmen trabaja mucho, pero está contenta.	☐	☐
5.	Marina no va al pasacalles el viernes.	☐	☐
6.	Paco no va a trabajar el viernes.	☐	☐
7.	Carmen les regala unos billetes de avión.	☐	☐
8.	Lucas no va a ir a Tenerife con ellos.	☐	☐

REFLEXIÓN

1. ¿Cuándo das regalos a tu familia o a tus amigos?
2. ¿Qué te gusta más: dar o recibir una sorpresa?

11. DESTINO TENERIFE NORTE

1. **¿Qué hacemos cuando viajamos en avión? Ordena las siguientes acciones.**

1	2	3	4	5	6	7

a. Vamos a la zona de facturación.
b. El avión despega.
c. Llegamos al aeropuerto.
d. Recogemos el equipaje.
e. Pasamos el control de policía.
f. El avión aterriza.
g. Vamos a la zona de embarque.

ACTIVIDADES

2. Completa las frases sobre este capítulo.

1. Los Fernández van al aeropuerto de Barajas en ....
2. Paco y Carmen llevan una .... grande de color gris.
3. En la zona de facturación de Iberia hay largas .... de gente.
4. Carmen prefiere .... la maleta porque piensa que es más cómodo viajar sin ella.
5. Paco piensa que la maleta no se va a perder porque es un vuelo ....
6. Lucas y Paco tienen que tomar una pastilla porque tienen .... a volar.
7. En el avión Carmen y Marina se sientan al lado de la ....
8. El avión .... en Tenerife Norte.
9. Las maletas salen por la ....
10. La maleta de Lucas es de color ....

REFLEXIÓN

1. Cuando viajas, ¿prefieres facturar tu maleta o prefieres llevar una maleta de cabina?
2. ¿Crees que los Fernández han perdido sus maletas?

ACTIVIDADES

12. UN PEQUEÑO PROBLEMA

1. ¿Quién o quiénes?

   Paco – Carmen – Marina – Lucas

   1. Tiene hambre: ....
   2. Quiere comprar pelucas: ....
   3. No puede abrir la maleta: ....
   4. Se pone la ropa de Lucas: ....
   5. Se pone la ropa de Marina: ....
   6. Rompe la maleta: ....

2. Elige la opción correcta.
   1. La capital de Tenerife es ....
      a. Puerto de la Cruz.   b. Santa Cruz.   c. La Laguna.
   2. Es invierno pero en Tenerife ....
      a. hace mal tiempo.   b. hace frío.   c. hace calor.
   3. En las islas Canarias es .... que en la península.
      a. una hora menos   b. la misma hora   c. una hora más
   4. Paco y Carmen pueden ver .... desde su habitación.
      a. el aeropuerto   b. el balcón   c. el mar
   5. Carmen y Paco piensan que la maleta está ....
      a. estropeada.   b. perdida.   c. en el aeropuerto.
   6. Un empleado les dice que su maleta está en ....
      a. Lanzarote.   b. Fuerteventura.   c. La Gomera.

REFLEXIÓN

Imagina que no tienes tu maleta y que estás en la situación de Paco y Carmen, ¿qué haces?

ACTIVIDADES

13. LOS DISFRACES

1. Ahora conoces algunos platos típicos canarios. Descríbelos.
   1. Papas arrugas con mojo picón: ....
   2. Ropa vieja: ....
   3. Gofio: ....
   4. Príncipe Alberto: ....
   5. Bienmesabe: ....
   6. Frangollo: ....

2. Completa el resumen del capítulo.

   Los Fernández (1) .... para comer en un restaurante típico canario. Carmen y Paco (2) .... con la ropa del señor de La Gomera (3) .... no está en Tenerife. Carmen lleva un (4) ...., Paco de flamenca y Marina de pirata. Entran en un restaurante y (5) .... que les gustan mucho. Cuando piden la cuenta, los (6) .... se sientan en la mesa de al lado. Paco y Carmen (7) .... con sus disfraces y quieren irse del restaurante. Finalmente, los Fernández se levantan, (8) .... y se van rápidamente.

   a. piden varios platos
   b. van disfrazados
   c. pagan la cuenta
   d. porque su maleta
   e. vecinos del segundo
   f. salen del hotel
   g. se sienten ridículos
   h. disfraz de abeja

REFLEXIÓN

Cuando viajas, ¿te gusta probar la comida local? ¿Qué tipo de comida te gusta más?

ACTIVIDADES

14. LA CABALGATA DE CARNAVAL

1. Relaciona las palabras para formar expresiones que aparecen en este capítulo.

   1. vistas   a. histórico
   2. centro   b. de color
   3. grupo   c. de fantasía
   4. explosión   d. al océano
   5. reina   e. exótica
   6. traje   f. musical
   7. ave   g. del carnaval

2. Relaciona la información de las dos columnas.

   1. Desde el Parque César Manrique los Fernández ven
   2. En Canarias llaman guagua
   3. La plaza más grande de Santa Cruz es
   4. A los Fernández les gusta la Cabalgata y por eso
   5. La reina del carnaval lleva
   6. La reina del carnaval saluda al público
   7. Para hacer los trajes de la reina y las damas los diseñadores tardan
   8. La Cabalgata dura

   a. muchos meses.
   b. el océano Atlántico
      el castillo
      y el auditorio.
   c. al autobús.
   d. muchas horas.
   e. la Plaza de España.
   f. un disfraz con plum
      de aves exóticas
      y de muchos colore
   g. desde una carroza.
   h. aplauden mucho.

1. ¿Te gusta disfrazarte?
2. ¿Te gusta el carnaval?

ACTIVIDADES

15. DESAYUNO DE CARNAVAL

1. Ordena lo que sucede en este capítulo.

1	2	3	4	5	6	7	8
c							

a. Llegan los García.
b. Los Fernández cuentan a los García por qué van disfrazados.
c. Los Fernández bajan a desayunar.
d. Los García ofrecen su ropa a los Fernández.
e. Los clientes del hotel se ríen de Paco y Carmen.
f. Los Fernández se disfrazan de los García.
g. Cristina García ve a Lucas.
h. Los García se sientan a desayunar con los Fernández.

2. Completa las frases sobre este capítulo.
   1. Marina lleva hoy un disfraz de ....
   2. Paco va disfrazado de ....
   3. Carmen lleva un disfraz de ....
   4. Paco y Carmen quieren ir a comprar ....
   5. Los García entran en el ....
   6. Los García se sientan con los Fernández sin pedir ....
   7. Los García .... su ropa a los Fernández.

REFLEXIÓN

¿Qué opinas de los García? ¿Te gustan?
¿Crees que son buenos vecinos?

ACTIVIDADES

16. CARNAVAL CON LOS VECINOS

1. ¿Verdadero o falso?

		V	F
1.	En el mercado de La Recova puedes comprar frutas tropicales.	☐	☐
2.	La playa de las Teresitas está en el centro de Santa Cruz.	☐	☐
3.	Los Fernández comen pescado en San Andrés.	☐	☐
4.	Después de comer los Fernández duermen una siesta en la playa.	☐	☐
5.	Los Fernández y los García salen juntos del hotel.	☐	☐
6.	Los padres de Lucas van a clases de baile en Madrid.	☐	☐
7.	Cristina enseña a bailar a Lucas.	☐	☐
8.	Las dos familias van a la plaza de la Candelaria para ver un concurso de grupos musicales.	☐	☐

2. Elige la opción correcta.
   1. Los Fernández van a las Teresitas **a pie / en taxi**.
   2. Por la tarde los Fernández y los García salen del hotel **juntos / separados**.
   3. Los padres de Cristina bailan muy **bien / mal**.
   4. Para Lucas es **fácil / difícil** bailar con Cristina.
   5. En la plaza **del Príncipe / de Francisco La Roche** actúan varias orquestas.
   6. Las dos familias vuelven **temprano / tarde** al hotel.

REFLEXIÓN

¿Te gusta bailar? ¿Qué tipo de música te gusta más?

ACTIVIDADES

17. VUELTA A MADRID

1. ¿Quién o quiénes?

   > Paco – Carmen – Lucas – Marina

   1. Factura su maleta otra vez: ....
   2. Envía mensajes a sus amigos: ....
   3. Dibuja durante el vuelo: ....
   4. Recibe un mensaje de Andrés: ....
   5. Piensa en Cristina: ....

2. Elige la opción correcta.
   1. Los Fernández se levantan ....
      a. temprano.   b. tarde.   c. a mediodía.
   2. Antes de ir al aeropuerto ....
      a. van de compras.   b. desayunan.   c. pasean cerca del mar.
   3. En la puerta de embarque Carmen ....
      a. lee una novela.   b. habla por teléfono.
      c. escribe en un cuaderno.
   4. Paco tiene un recuerdo .... del viaje.
      a. divertido   b. malo   c. horrible
   5. Cuando llegan a Madrid Carmen se siente ....
      a. triste.   b. feliz.   c. deprimida.
   6. Lucas piensa que Cristina no es ....
      a. divertida.   b. atractiva.   c. superficial.

REFLEXIÓN

¿Cómo crees que continúa la relación de Marina con Andrés? ¿Y la de Lucas con Cristina?

SOLUCIONES

1. LA VECINA SUPERFICIAL

1. 1. ▸ Biología 2. ▸ Universidad Complutense 3. ▸ Madrid 4. ▸ 20 5. ▸ liso 6. ▸ verdes 7. ▸ Cristina 8. ▸ Diseño de Moda 9. ▸ privada 10. ▸ ropa 11. ▸ enamorada
2. 1. ▸ V 2. ▸ F 3. ▸ F 4. ▸ V 5. ▸ F 6. ▸ V

2. EL VECINO PESADO

1. 1. ▸ Paco 2. ▸ tecnología 3. ▸ transporte público 4. ▸ alto 5. ▸ privado 6. ▸ cansado
2. 1. ▸ c 2. ▸ d 3. ▸ f 4. ▸ e 5. ▸ h 6. ▸ a 7. ▸ g 8. ▸ b

3. EL PLAN DE LUCAS

1. 1. ▸ d 2. ▸ h 3. ▸ b 4. ▸ a 5. ▸ g 6. ▸ e 7. ▸ f 8. ▸ c
2. 1. ▸ carnaval de Venecia 2. ▸ dinero 3. ▸ ahorra 4. ▸ rica 5. ▸ están en contra 6. ▸ invitar 7. ▸ Tenerife 8. ▸ tío de Luis.

4. EL CHICO IDEAL

1. 1. ▸ segundo 2. ▸ teatro 3. ▸ ensaya 4. ▸ abuela 5. ▸ 18 6. ▸ Ingeniería Informática 7. ▸ gafas 8. ▸ dibujar 9. ▸ hijo
2. 2, 3 y 6

5. UNA GRAN NOTICIA

1. 1. ▸ b 2. ▸ c 3. ▸ d 4. ▸ e 5. ▸ g 6. ▸ a 7. ▸ h 8. ▸ f
2. 1. ▸ Carmen 2. ▸ Paco 3. ▸ Carmen 4. ▸ Paco 5. ▸ Lucas y Marina 6. ▸ Carmen

SOLUCIONES

6. LA CRISIS DE LOS 50
1. 1. b 2. d 3. h 4. c 5. e 6. g 7. a 8. f
2. 1. F 2. V 3. V 4. V 5. F 6. V 7. V 8. F

7. EL PLAN DE MARINA
1. 1. Marina 2. Marina 3. A Paco 4. Paco 5. Carmen 6. Paco 7. Marina 8. Lucas
2. 1. b 2. b 3. b 4. a 5. a 6. a

8. LA CONVERSACIÓN CON LA ABUELA
1. 1. instituto 2. una tostada de pan con tomate y aceite 3. 88 4. nieto 5. Tenerife 6. panadero
2. 1. e 2. b 3. f 4. h 5. c 6. a 7. d 8. g

9. MALA SUERTE
1. 1. b 2. e 3. d 4. c 5. a 6. f
2. 1. c 2. a 3. e 4. g 5. b 6. f 7. d

10. EL PLAN DE CARMEN
1. 1. e 2. g 3. b 4. c 5. a 6. h 7. d 8. f
2. 1. V 2. V 3. F 4. V 5. V 6. V 7. V 8. F

11. DESTINO TENERIFE NORTE
1. 1. c 2. a 3. e 4. g 5. b 6. f 7. d
2. 1. taxi 2. maleta 3. colas 4. facturar 5. directo 6. miedo 7. ventanilla 8. aterriza 9. cinta transportadora 10. verde

12. UN PEQUEÑO PROBLEMA
1. 1. Lucas 2. Marina 3. Paco y Carmen 4. Paco 5. Carmen 6. Paco y Lucas
2. 1. b 2. c 3. a 4. c 5. a 6. c

SOLUCIONES

13. LOS DISFRACES

1. 1. patatas hervidas con salsa picante. 2. carne guisada. 3. la comida de los guanches (harina tostada). 4. postre de chocolate. 5. postre con almendras y limón. 6. postre típico de Tenerife que lleva leche, mantequilla, limón y almendras.
2. 1. f 2. b 3. d 4. h 5. a 6. e 7. g 8. c

14. LA CABALGATA DE CARNAVAL

1. 1. d 2. a 3. f 4. b 5. g 6. c 7. e
2. 1. b 2. c 3. e 4. h 5. f 6. g 7. a 8. d

15. DESAYUNO DE CARNAVAL

1. 1. c 2. e 3. a 4. g 5. h 6. b 7. d 8. f
2. 1. bailarina tropical 2. flamenca 3. abeja 4. ropa 5. comedor 6. permiso 7. prestan

16. CARNAVAL CON LOS VECINOS

1. 1. V 2. F 3. V 4. F 5. V 6. F 7. V 8. F
2. 1. en taxi 2. juntos 3. bien 4. fácil 5. de Francisco La Roche 6. tarde

17. VUELTA A MADRID

1. 1. Paco y Carmen 2. Lucas y Marina 3. Paco 4. Marina 5. Lucas
2. 1. b 2. c 3. a 4. a 5. b 6. c